※人口は総務省統計局の「平成27年国勢調査人口速報集計結果」、面積は国土交通省国土地理院の「平成27年全国都道府県市区町村別面積調査」を元にしています。
※路線は一部省略しています。

都道府県の位置

都道府県データ
人口・面積・県庁所在地のデータです。

都道府県名

おもな駅名

列車番号
列車が左の地図のどの路線を走っているのか、確認しやすくするための番号です。紹介している路線以外を走っている場合もあります。

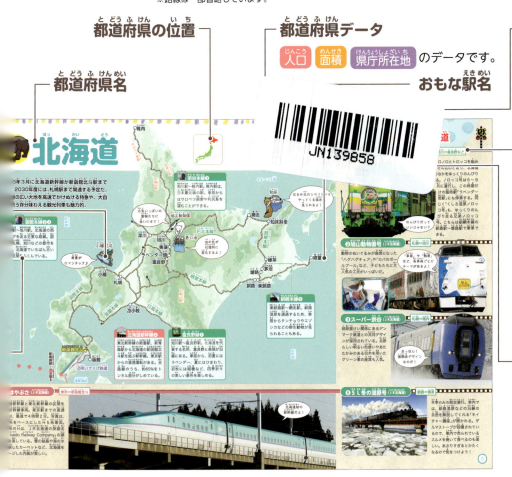

この本を楽しむコツ❷
路線情報から同じ番号のついた列車アイコンを探して、列車がどの路線を走っているのか探してみよう！

走行区間
列車が走るおもな走行区間。左側が下りの始発駅です。

路線や列車の名前
路線や列車の愛称です。一般によくよばれている名前を入れています。（ ）内は所属する会社の名前です。名前と会社名が同一のものは、会社名を省略しています。

名所情報 鉄道ページの地図で場所を探してみよう。

アクセス情報
起点の駅からの交通手段と所要時間です。経路がいくつかある場合、いちばん早く着く経路の時間を紹介しています。

起点となる駅
名所にアクセスする際、起点となる駅です。いくつかある場合は、代表的な駅をあげています。

世界遺産マーク
世界遺産であることを表しています。

この本を楽しむコツ❹
名所への行き方はひとつじゃないことが多いよ。たとえば最寄り駅から歩いていくほかに、主要な駅から直通のバスが出ていることもある。アクセス情報にくわしくなれば、旅の計画が立てやすくなるはず！

写真スポット
すばらしい風景や列車を撮影できるスポット・めずらしい駅を紹介しています。

名所ページにも、列車が走っているよ。見つけてみよう。

※この本の情報は、2017年2月現在のものです。鉄道の運行情報や観光地の最新情報は、ホームページなどでご確認ください。
※名所への所要時間は、乗りかえの時間をふくみません。バス停などから10分以内の徒歩は省略しています。

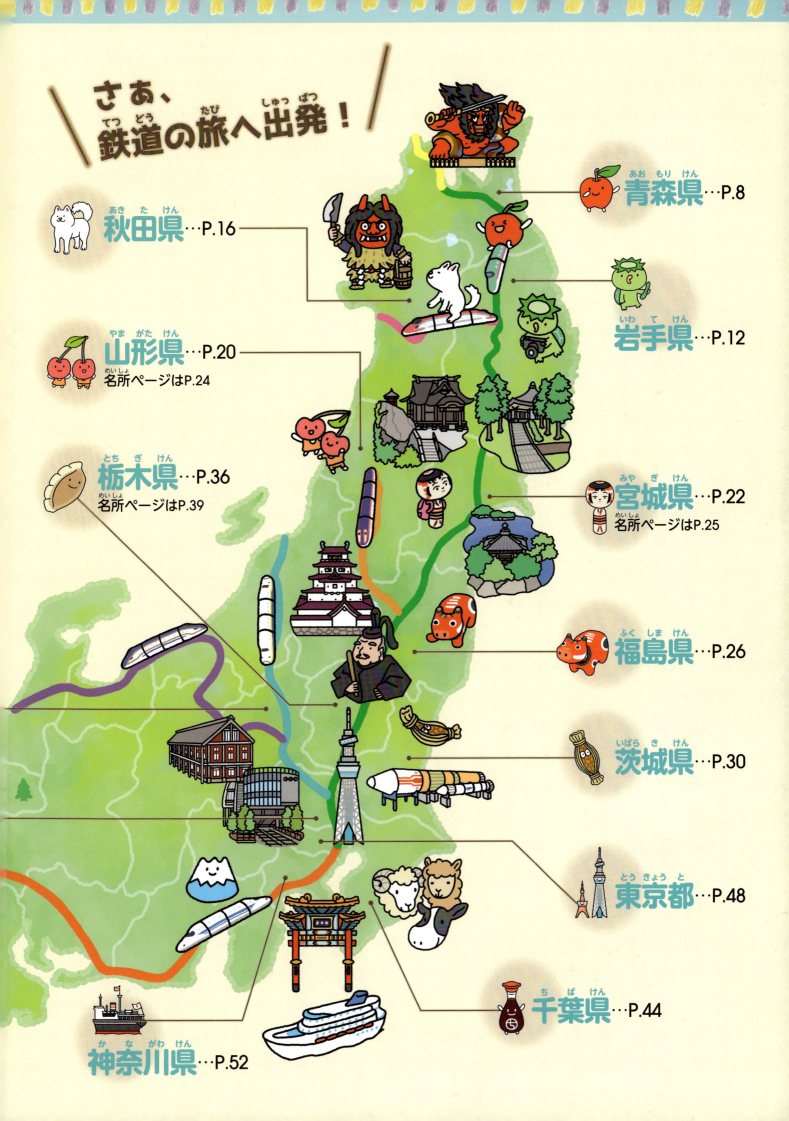

北海道

2016年3月に北海道新幹線が新函館北斗駅まで開通。2030年度には、札幌駅まで開通する予定だ。北海道の広い大地を高速でかけぬける特急や、大自然を思う存分味わえる観光列車も魅力的。

函館本線❷❸
函館駅〜旭川駅。北海道の西エリアを走る主要な路線。函館や札幌、旭川などの都市を結ぶ。北海道でいちばん古い鉄道区間をふくんでいる。

宗谷本線❸
旭川駅〜稚内駅。稚内駅は、日本最北端の駅。車窓からはサロベツ原野や利尻島を望むことができる。

元気いっぱいの動物たちに会いにきて！（旭山動物園）

夜景がロマンチック♪（小樽運河）

池の色が幻想的に変化するよ！（青い池）

北海道新幹線❹
東北新幹線の終着駅、新青森駅から北海道の新函館北斗駅を結ぶ新幹線。東京駅からの直通運転がある。全路線のうち、約65％をトンネル部分がしめている。

富良野線❶
旭川駅〜富良野駅。北海道を代表する名所、富良野と美瑛が沿線にある。車窓から、初夏にはラベンダー、夏にはひまわり、初秋には稲穂など、四季折々の美しい景色を楽しめる。

❹はやぶさ（JR北海道）
東京⇔新函館北斗

北海道新幹線と東北新幹線の区間を走る新幹線車両。東京駅までの直通運転は、最速で4時間2分。写真は、E5系をベースにしたH5系車両。H5系のHは、JR北海道の英語名「Hokkaido Railway Company」の頭文字を表している。雪の結晶や海の水面を表したカーペットなど、北海道をイメージした内装が楽しい。

人口	538.4万人
面積	83,424km²
県庁所在地	札幌市

北海道を走る鉄道

①富良野・美瑛ノロッコ号（JR北海道）　旭川⇔富良野など

「ノロッコ」とは、ノロノロとトロッコを組みあわせた造語。その名のとおり、北海道の大自然のなかをゆっくりのんびりと走る。ノロッコ号は6～9月に運行し、この時期だけの臨時駅「ラベンダー畑駅」にも停車する。同じく「くしろ湿原ノロッコ号」も、ゆっくりのんびり走る兄弟ノロッコ号。こちらは釧網本線の釧路駅～塘路駅で乗車できる。

のんびりだっていいじゃない？

はるか北のシベリアからやってくる流氷を見られるよ！

オホーツク海・知床・網走・知床斜里・釧網本線・標茶・根室・茅沼・塘路・釧路・東釧路

釧網本線⑤
東釧路駅～網走駅。釧路湿原を通過するため、車窓からタンチョウやエゾシカなどの野生動物が見られることもある。

太平洋

②旭山動物園号（JR北海道）　札幌⇔旭川

動物のぬいぐるみが座席になった「ハグハグチェア」や「カバのボールプール」など、子どもたちに大人気の工夫がいっぱいだ。

「草原」や「熱帯」など、各車両ごとにテーマがあるよ！

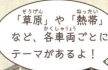

③スーパー宗谷（JR北海道）　札幌⇔稚内

姉妹提けい関係にあるデンマーク鉄道との共同デザインが採用されている。北欧らしい明るい色使いやあたたかみのある白木を用いたグリーン車の座席も人気。

おっほん！国際派デザインなのだ！

北海道初の新幹線だよ！

⑤SL冬の湿原号（JR北海道）　釧路⇔標茶

冬季のみの限定運行。車内では、釧路湿原などの沿線の自然を解説してくれる「ネイチャー講座」が開かれる。ダルマストーブが設置されているので、車内で売られているスルメを焼いて食べるのも楽しい。あぶりすぎるとかたくなるので気をつけよう！

鉄道で行く！北海道

旭川 あさひかわ

野生みたいに動物がいきいき！
旭山動物園

[バスで40分]

多いときには1日に1万人もの人が訪れる、超人気動物園。その人気のひみつは、施設や遊び道具にさまざまな工夫をこらし、動物たちがいきいきと活動するさまを見せてくれる「行動展示」だ。たとえば、ホッキョクグマが泳ぐ巨大プールでは、手の動きや表情のほか、足のうらまで見ることができる。野生に近い環境を再現することにこだわった魅力的な動物園だ。

函館本線

小樽 おたる ／ 札幌 さっぽろ

北海道産の野菜がいっぱい使われた、具だくさんカレーだよ！

グルメ スープカレー

札幌発祥のカレー。さらさらのスープに野菜や鶏もも肉がゴロゴロ入っている。スプーンでかんたんにほぐれるほどやわらかく煮こんである。

駅弁 いかめし

北海道だけでなく全国的にも有名な駅弁。イカの胴体のなかにイカエキスをたっぷり吸いこんだご飯がつまっている。

富良野線

ロマンチックな運河の町！
小樽運河

[徒歩で8分]

小樽運河は、北海道開拓の玄関口だった小樽港があつかう荷物を運ぶため、大正12年に完成した。運河に沿って建ち並ぶ石づくりの倉庫群は、まるで外国のようなふんいき。遊覧船に乗れば、運河から街並みを楽しむこともできる。

きみの目には何色に映る？
青い池

[バスで25分]

美瑛 びえい

水色に緑、エメラルドブルーにコバルトブルー、青い池は、まるで魔法にかかったようにつぎつぎと色を変える。池が青く見える原因については、水中の物質が関係しているようだが、まだはっきりとはわかっていない。

▲石造倉庫は、カフェやレストランにも改装されている。

▲池の色は、季節、天気、角度によって変化する。

◀流氷で一休みするオオワシ。日本最大級の猛禽類で、ロシア方面ではんしょくし、冬になると日本にわたってくる。

▶流氷に寝そべるアザラシ。アザラシにとって、流氷は出産・子育てを行う大事な生活の場所でもある。

キュンちゃん

北海道観光PRキャラクターのキュンちゃんは、エゾナキウサギ。名前の由来は、見るもの・ふれるものの気持ちを「キュン」と感動させること。小心者の自分をちょっとだけかくすためにエゾシカのかぶりものを身につけて北海道の魅力を発見する旅をしている。

第P17232972-120号

グルメ 石狩鍋

サケや野菜などを、味噌ベースのあら汁で煮こんだ鍋料理。江戸時代の漁師たちが船上で調理して食べたのがはじまりだといわれている。

知床斜里 （しれとこしゃり）

海と山をつなぐ命のふるさと

知床 （しれとこ）

世界遺産 バスで60分
知床エアポートライナーを使うと45分。

エゾシカ、キタキツネ、アザラシなど、多くの野生動物が生息する知床は、世界自然遺産に登録されている。そんな知床の海を豊かにしているのが、毎年2月ごろにやってくる流氷だ。はるか北の海から氷にとじこめた栄養分を運んできて、海の生きもののエサになるプランクトンを増やしてくれる。豊かな知床の海で大きく育ったサケはやがてふるさとの川に帰り、山の生きもののエサとなる。こうして、海と山をつなぐ生態系の輪が保たれ、新たな命が脈々と育まれていく。

釧網本線 （せんもうほんせん）

写真スポット

茅沼 （かやぬま）

▲茅沼駅は、タンチョウヅルに会える駅。運がよければ、白銀の世界のなか、ツルと釧網本線をいっしょに写すことができるかも。

青森県

人口	130.9万人
面積	9,646km²
県庁所在地	青森市

日本一長い鉄道トンネル、青函トンネルが通っている。東北新幹線の終着駅、新青森駅がある青森市を中心に、県内や北海道、東北各県に路線が伸びている。

津軽鉄道❸
津軽五所川原駅〜津軽中里駅。雪のなかを走るストーブ列車が名物。

五能線❶
東能代駅〜川部駅。日本海を横目に白神山地のふもとをぐるっと走る路線。途中、JR東日本でいちばん短い、全長9.5mの仙北岩トンネルがある。

弘南鉄道弘南線❹
弘前駅〜黒石駅。車窓からは岩木山やりんご畑、冬にはまっ白な雪原が見られる。

いよいよ世界にほこる青函トンネルで海にもぐるぞ！

ラッセラー！ラッセラー！

❸ストーブ列車（津軽鉄道） 津軽五所川原⇔津軽中里

車内には石炭を燃料とするダルマストーブが置かれていて、ぽっかぽか。ストーブの上でスルメを焼いて食べることもできる。

❹弘南線（弘南鉄道） 弘前⇔黒石

「納涼ビール列車」や郷土料理の「けの汁列車」など、食べたり飲んだりできるイベント列車が大人気。

青森県を走る鉄道

⑥大湊線⑥
野辺地駅〜大湊駅。陸奥湾に沿って下北半島を走る路線。「リゾートあすなろ下北」なら、新青森駅から終点の大湊駅まで乗りかえなしで行ける。

青い森鉄道⑤⑥
目時駅〜青森駅。もとはJR東北本線であった目時駅〜青森駅間を引き継いで運営。浅虫温泉駅には、青い森鉄道のイメージキャラクター、モーリーのカフェと足湯スペースがある。

八戸線②
八戸駅〜久慈駅。三陸海岸に沿って南下するローカル線。車窓から太平洋が見わたせる。

館鼻岸壁朝市
日本最大級の朝市はここ！

❶リゾートしらかみ（JR東日本） 秋田⇔青森

大自然のなかを走る五能線のジョイフルトレイン。津軽三味線や金多豆蔵人形芝居、津軽弁の語り部実演など、車内イベントもまんさい。写真は「橅」編成。ほかにも「青池」編成、「くまげら」編成の3兄弟が走っている。

❷TOHOKU EMOTION（JR東日本） 八戸⇔久慈

オープンキッチンを備えた走るレストラン。東北の食材を調理して、東北の伝統的な食器に盛りつけてくれる。車内には、青森のこぎん刺しをはじめ、東北の伝統工芸を活かしたすてきなインテリアがほどこされている。

❺青い森鉄道 目時⇔青森

車体には青い森鉄道のキャラクター、モーリーがえがかれている。写真の「青い森703系」の車内は段差がなく、トイレもすべてバリアフリー。

❻リゾートあすなろ下北（JR東日本） 新青森⇔大湊

JRの路線と青い森鉄道の路線を使って走るリゾート列車。あすなろは青森の県木、青森ヒバの別名。車体は、夏祭りの熱気を表す「赤」、菜の花畑の「黄」、豊かな森の「緑」の3色でデザインされている。「リゾートあすなろ下北」のほか、同じリゾート列車のなかま、「竜飛」「八戸」も県内を走っている。

鉄道で行く！青森県

縄文時代にタイムスリップ！
三内丸山遺跡

バスで15分 シャトル・ルートバスねぶたん号使用。

三内丸山遺跡とは、約5500年前〜4000年前の集落あと。当時の建物を復元し、発掘された品を展示しているため、縄文時代の人々のくらしがよくわかる。土器や石器をつくる体験学習に参加するのもいい。

新青森 しんあおもり

奥羽本線

駅弁 逸杯辣星（いっぺぇらっせい）

煮ホタテやりんご型の和菓子が入っていて、青森の名物がそろった駅弁。食べ終わった容器を組み立てると、なんとねぶた祭が楽しめる!?

たっぷり2段重ね！

グルメ 生姜味噌おでん

青森市の名物おでん。冬の青函連絡船に乗りこむ人々の体をあたためようと、ある屋台のおかみさんがおでんの味噌に生姜をすりおろして入れたのがはじまり。

しょうがパワーでポカポカあたたまるよ！

写真スポット

木造（きづくり） 五能線

川部 かわべ

▲五能線の木造駅は、亀ヶ岡石器時代遺跡から出土した土偶の形をしている。駅員さんにたのめば、土偶の目を点めつさせてくれる。

ブナ原生林太古の森
白神山地

バスで55分 白神山地ビジターセンターまでの所要時間。
世界遺産

青森県と秋田県にまたがる白神山地には、東アジア最大級のブナ原生林が広がり、ツキノワグマやクマゲラ、イヌワシなどの貴重な野生動物が生息している。世界の宝である手つかずの自然を散策しよう。

弘前 ひろさき

青森（あおもり）

一年中ラッセラー！
ねぶたの家ワ・ラッセ

徒歩で1分

祭りの時期じゃなくても、ねぶた祭の歴史と魅力を伝えてくれる文化施設。ねぶた囃子が流れるなか、ねぶたの制作技術や作風、題材の移り変わりを見てまわるうち、青森県民のねぶたに対する、深い愛とほとばしる情熱を感じることができるはずだ。

▲ふしぎなデザインの建物が目印。

◀実際にねぶたの一部にふれることもでき、ねぶたの構造がよくわかる。

青い森鉄道

八戸（はちのへ）

グルメ せんべい汁

せんべいが入った八戸名物の汁物。肉や魚、野菜といっしょにせんべいを煮たてて、食べる料理。煮汁のうまみがせんべいに染みておいしい。

東北新幹線

陸奥湊（むつみなと）

全国最大規模の朝市！
館鼻岸壁朝市（たてはながんぺきあさいち）

徒歩で1分

八戸市は、9か所11の市が開かれる朝市のメッカ。そのなかでもっとも大きいのが、館鼻漁港で開かれる館鼻岸壁朝市だ。毎週日曜になると、ふだんは静かな漁港に約300店ものお店がずらりと並び、たくさんの人でごったがえす。名物のせんべい汁や八戸港で水揚げされた魚介類など、八戸のおいしいものが盛りだくさん。ほかにも、野菜からおもちゃまでありとあらゆるものが売られている。

八戸線

人口	128万人
面積	15,275km²
県庁所在地	盛岡市

県中央よりやや西、奥羽山脈と北上山地にはさまれた平地を東北新幹線と東北本線が並走する。美しいリアス式海岸沿いを走る三陸鉄道「こたつ列車」や世界遺産の平泉をイメージした「ジパング平泉」など、岩手県らしい車両も多い。

三陸鉄道北リアス線 ⑤

宮古駅～久慈駅。三陸沿いを走る。途中トンネル区間もあるが、壮大な太平洋と入り組んだ海岸の美しさを一望できる。

小袖海岸 — かわいい海女さんに会えるかも？

白井海岸

日本三大鍾乳洞のひとつ！ 龍泉洞

岩泉小本

ＩＧＲいわて銀河鉄道 ④

盛岡駅～目時駅。2002年に東北本線の一部をＪＲから引き継いで開業。会社名の頭についているＩＧＲは、「Iwate Galaxy Railway」の頭文字。

秋田新幹線
盛岡
東北新幹線
北上山地
宮古

釜石線 ③

花巻駅～釜石駅。釜石線の前身、岩手軽便鉄道は、宮沢賢治作、『銀河鉄道の夜』のモデルになった鉄道路線といわれている。

新花巻
花巻
花巻市は児童文学作家、宮沢賢治のふるさとなんだよ！
宮沢賢治記念館

釜石線
釜石
三陸鉄道南リアス線
太平洋

東北本線 ①

東京駅～盛岡駅。大宮駅、宇都宮駅、仙台駅など、東日本の主要な駅を経由する日本の大動脈路線のひとつ。

平泉
尊厳な仏教建築物を見るならココ！
平泉
一ノ関
気仙沼
→東京駅・仙台駅

盛

大船渡線 ②

一ノ関駅～盛駅。路線の形が龍を思わせることから、「ドラゴンレール」の愛称で親しまれている。現在、一部区間をＢＲＴにより運行中。

奥羽山脈

目時
久慈

岩手県を走る鉄道

①ジパング平泉（ＪＲ東日本）　一ノ関⇔盛岡

外観の墨色は水の流れ、ねずみ色は山、金色は世界遺産の平泉を表現している。1・4号車デッキ部分では映像と光の演出が楽しめる。

> ぼくに乗って世界遺産の町、平泉へ行こう！

②POKÉMON with YOUトレイン（ＪＲ東日本）　一ノ関⇔気仙沼

> 思い出、ゲットだぜ！

おしゃべりを楽しむコミュニケーションシート車両とのびのび遊べるプレイルーム車両が連結されている。それぞれの駅にあるフォトスポットやスタンプ台を見逃さないでね！

③ＳＬ銀河（ＪＲ東日本）　花巻⇔釜石

車両のテーマは、宮沢賢治の代表作、『銀河鉄道の夜』。内装は宮沢賢治の生きた時代の世界観が再現され、賢治が書いた黒板のレプリカもある。外装には『銀河鉄道の夜』に登場する星座や動物がえがかれている。

④いわて銀河鉄道線（ＩＧＲいわて銀河鉄道）　盛岡⇔目時

> 車体には流れ星がデザインされているよ！

⑤こたつ列車（三陸鉄道）　宮古⇔久慈

> 三陸の名物列車！

12月～3月にかけて運行される、座席がこたつの列車。トンネルに入るととつぜん車内の明かりが消え、岩手県版のなまはげともいえる「なもみ」という化けものがあらわれることも。

> わしがなもみじゃあ！なまはげとまちがえんように！

鉄道で行く！岩手県

花巻 (はなまき)

童話作家ゆかりの地
宮沢賢治記念館

🚕 タクシーで15分

日本を代表する童話作家、宮沢賢治は、花巻市の出身。新しくなった宮沢賢治記念館では、作品の世界観や思想を音や光、映像など、五感で楽しむことができるようになった。ぜひ、本を読んで訪れてみよう。

はい、どんどん♪
はい、じゃんじゃん♪

 わんこそば

盛岡や花巻の名物。一口大のそばを、客がもういいというまでおわんにつぎつぎと投げ入れる。お給仕さんのテンポのよいかけ声が楽しい。

▲賢治の童話、『猫の事務所』を思わせる入り口の猫たち。

わんこきょうだい

岩手県のキャラクター。おわんのなかに、わんこそばや、岩手県の各エリアごとの名物が盛られている。

平泉 (ひらいずみ)

浄土思想にこめられた願い
平泉

🚶 徒歩で25分　🏛 世界遺産

平泉は、平安時代に仏教の思想にもとづいてつくられたお寺や庭園、遺跡が多く集まっている地域。中尊寺をはじめとする建造物群はまとめて世界遺産に登録されている。そのなかでも、中尊寺にある金色堂は、堂の内外に金ぱくを押した、たいへん豪華で美しいつくり。平安時代の様式美と技術の結晶だ。

▼中尊寺新覆堂(左)と金色堂内陣中央壇(右)。

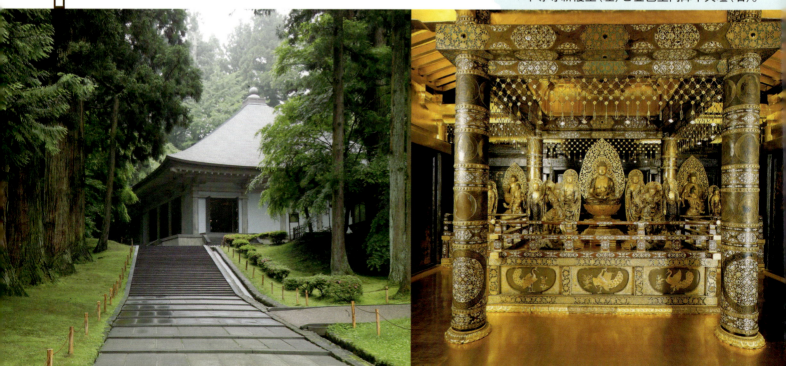

東北本線 (とうほくほんせん)

| 久慈
くじ

北限の海女に会いたい！
小袖海岸

バスで25分

夏の小袖海岸では、海にもぐって貝などをとる北限の海女を見ることができる。1回もぐるあいだに、ウニを10個以上とってくることもあるというからおどろきだ。特産のウニ料理のほか、近年は郷土料理の久慈まめぶ汁も人気。

駅弁 うに弁当

濃厚な磯の香り～！

三陸特産のウニをびっしりつめたぜいたくな駅弁。久慈駅で1日限定20個発売。

あまじょっぱい！

グルメ 久慈まめぶ汁

NHKの連続ドラマ『あまちゃん』に登場し、しょっぱいのか甘いのかわからないと話題になった。まめぶという、くるみや黒砂糖入りのだんごが入っている。

三陸鉄道北リアス線

写真スポット

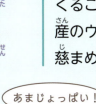

▲白井海岸駅～堀内駅間の大沢橋梁からは、車窓いっぱいに太平洋が見下ろせる。一部の列車は乗客のために徐行や停車サービスをしてくれる。

| 岩泉小本
いわいずみおもと

洞窟の奥は深い青の世界
龍泉洞

バスで30分

龍泉洞は、日本三大鍾乳洞のひとつ。まるで迷路のように入り組んだ洞窟の奥には、「ドラゴンブルー」とよばれるすきとおった青色の地底湖が広がっている。洞窟の長さは知られているだけでも、3600m。いまも調査中で、実際は5000m以上あるかもしれないそうだ。なかではコウモリが飛び交うすがたも見られる。

人口	102.3万人
面積	11,638km²
県庁所在地	秋田市

正式名称とは別に、路線の特ちょうや秋田らしいイメージをうまく表した愛称でよばれる路線が多い。田園風景や渓谷、豪雪地帯など地域によって変化に富んだ秋田ならではの景色を楽しむことができる。

奥羽本線①②
福島駅～青森駅。山形駅、秋田駅を通って福島県と青森県を結ぶ主要路線。福島駅から秋田駅までは、奥羽山脈に沿うように走る。

花輪線③
好摩駅～大館駅。沿線には、安比高原や湯瀬温泉などの観光名所がある。愛称は、「十和田八幡平四季彩ライン」。

秋田内陸縦貫鉄道⑥
鷹巣駅～角館駅。愛称は「あきた♥美人ライン」。夏には沿線で稲を絵の具がわりにした、巨大な田んぼアートが見られる。

男鹿線④
追分駅～男鹿駅。男鹿半島の南側を走る路線。愛称は「男鹿なまはげライン」。

秋田新幹線①
盛岡駅～秋田駅。新幹線と名はつくが、在来線の田沢湖線と奥羽本線を利用して、ミニ新幹線「こまち」が走る。路線の都合により、大曲駅でスイッチバックを行う。

由利高原鉄道⑤
羽後本荘駅～矢島駅。東北地方で2ばんめに高い鳥海山を横目に、豊かな田園地帯を走る路線。冬は雪が2m近く積もることも多く、雪けむりが舞い上がるほどの迫力ある除雪作業を見られることがある。

いい子も悪い子もみんないっしょに学びに来いー！

美しい武家屋敷が並ぶ！

ミニ新幹線だよ！

秋田県を走る鉄道

①こまち（JR東日本） 東京⇔秋田

東京駅～盛岡駅は東北新幹線の路線を走り、盛岡駅～秋田駅は、在来線を利用して走るミニ新幹線。秋田県ゆかりの小野小町が名前の由来。お米のブランド「あきたこまち」で有名な、秋田の豊穣な大地をイメージした内装。

> 新幹線区間の最高速度は時速320km！

②つがる（JR東日本） 秋田⇔青森

秋田駅と青森駅を結ぶ特急列車。車体は、雪やリンゴの花をイメージした「白」と、東北のお祭りをイメージした「紅」の2色でデザインされている。

③花輪線（JR東日本） 好摩⇔大館

新緑から紅葉、雪景色など四季折々の美しい景色が楽しめる路線。

④男鹿線（JR東日本） 追分⇔男鹿

> 乗りたい子はいねが〜。

車体や駅構内など、いたるところに、男鹿の郷土のほこりと伝統である、なまはげのイラストや人形があしらわれている。

⑤鳥海山ろく線（由利高原鉄道） 羽後本荘⇔矢島

1日1往復の「まごころ列車」では、「おばこ」とよばれる着物すがたのアテンダントが、秋田弁まじりで沿線の案内をしてくれる。

⑥あきた♥美人ライン（秋田内陸縦貫鉄道） 鷹巣⇔角館

沿線農家の手料理を味わえる「ごっつお玉手箱列車」も走行している。

鉄道コラム

時刻表にのっていないまぼろしの新幹線

新幹線のなかには、時刻表にのっていない新幹線がある。その正体は線路や設備を検査する車両、「ドクターイエロー」や「イーストアイ」だ。これらの車両が、レールにゆがみがないか、電線がすり減っていないかといったことをチェックしてくれるおかげで、新幹線は事故なく安心安全に走れるというわけ。秋田新幹線をふくむJR東日本やJR北海道の区間はおもに「イーストアイ」、九州新幹線は800系車両が検測の役目をはたしている。

●軌道検測室
車内には、計測員がデータを調べるためのコンピュータなどが設置されている。

●ドクターイエロー
東海道・山陽新幹線を検査するための車両。先頭車両についているカメラで線路を撮影し、屋根についたカメラで架線を撮影して、さまざまなデータを集める。

●イーストアイ
北陸・上越・東北・北海道・秋田・山形新幹線を検査する車両。ミニ新幹線の区間も検査できるよう、ドクターイエローより車体が小さい。

秋田内陸縦貫鉄道　　　　　　　　　　　　　　　秋田新幹線

角館		田沢湖
かくのだて		たざわこ

田沢湖線

みちのくの小京都
角館の町並み
徒歩で15分

角館は、明治時代以前の町並みが残る町。歴史ある武家屋敷、商人町の建物や深い木立が並ぶ。いまも昔の景観を大切に保存し、町づくりに取り組んでいる。春になると、桧木内川の堤防沿いに見事な「桜のトンネル」が見られる。

日本でいちばん深い湖
田沢湖
バスで15分

田沢湖畔までの所要時間。

深さ423.4mの、日本一深い湖。湖に差しこんだ太陽の光が、深さに応じて湖面を瑠璃色や翡翠色に変える。湖畔には、永遠の若さと美しさを願ううち龍になったという伝説の美少女、たつこ姫の像が建てられている。湖の色と金色の像の対比がよりいっそう神秘的な美しさを引き立てる。

山形県

人口	112.3万人
面積	9,323km²
県庁所在地	山形市

奥羽山脈と出羽山地にはさまれた、県の中央よりやや東側に奥羽本線が縦に走っている。そして、東西に伸びた路線が山間部や他県とをつなぎ人々の大切な交通を担っている。日本海側は、海に沿って羽越本線が走っている。

山形新幹線 ①②

福島駅〜新庄駅。ミニ新幹線「つばさ」が奥羽本線を利用して走っている。福島駅から先も東京駅まで乗り入れており、東京駅と新庄駅を約3時間30分で結んでいる。「とれいゆ つばさ」は福島駅から新庄駅まで走行する新幹線初のジョイフルトレインだ。

羽越本線 ③

新津駅〜秋田駅。新潟県から山形県を通り、秋田県へと日本海沿岸を走る路線。長距離の特急列車や貨物列車も走る。

左沢線 ④

北山形駅〜左沢駅。沿線はサクランボや西洋ナシといった、くだものの産地なので、「フルーツライン左沢線」の愛称でもよばれる。

山形鉄道 ⑥

赤湯駅〜荒砥駅。沿線には桜やつつじ、紅花など数多くの花の名所があることから「フラワー長井線」ともよばれている。国内最古の最上川橋梁をわたる。

米坂線 ⑤

米沢駅〜坂町駅。山形県から新潟県をつなぐ路線。小国駅より西に位置する赤芝峡や荒川峡の紅葉で有名な路線だ。

閑さや〜岩にしみ入る……

スキーやスノボも楽しめる！

山形県を走る鉄道

①つばさ（JR東日本） 東京⇔新庄

東京と山形や新庄をつなぐミニ新幹線。車両には山形県の鳥、オシドリをイメージした色が使われており、夏のサクランボや冬の蔵王の樹氷など、季節ごとの山形県のシンボルもえがかれている。

> 車両のシンボルマークは全部で4つ！みんな見つけられるかな？

②とれいゆ つばさ（JR東日本） 福島⇔新庄

新幹線初のジョイフルトレイン。新幹線に乗りながら車内で足湯を楽しんだり、山形県の食材を味わったりできる。名前は、「トレイン」とフランス語で太陽を表す「ソレイユ」が由来になっている。

> ゆったりくつろげるお座敷シートもあるよ！

③いなほ（JR東日本） 新潟⇔酒田など

ゆるやかな曲線のオレンジは、日本海の夕日がモチーフ。日本海の夕焼けをながめられるラウンジスペースもある。

④左沢線（JR東日本） 北山形⇔左沢

青いラインのキハ101形が走っている。夏のサクランボ畑も冬の雪野原もすばらしいながめだ。

⑤米坂線（JR東日本） 米沢⇔坂町

山間部を走るため、風情のある景色が楽しめるローカル線。走行区間は日本有数の豪雪地帯でもある。

⑥フラワー長井線（山形鉄道） 赤湯⇔荒砥

宮内駅にはウサギの駅長「もっちぃ」がいる。人気者のもっちぃにあやかり、ウサギの絵でラッピングされた車両も走っている。

> ぼくが宮内駅の駅長、もっちぃだよ！

宮城県

人口	233.4万人
面積	7,282km²
県庁所在地	仙台市

東北一の大都市、仙台市を中心にして県内・県外の各地に路線が伸びている。沿岸地域では大震災の影響が大きいものの、BRTの活やくなどにより、地元の人びとの想いといっしょに、交通も元気を取りもどしている。

東北本線 ❷❹
東京駅〜盛岡駅。119もの駅を結ぶ、JR東日本の主要路線は、まさに東北地方の大動脈。

東北新幹線 ❶
東京駅〜新青森駅。東京都から太平洋側の都市を北上し、青森県に向かう新幹線。北海道新幹線とも乗り入れて、ますますその役割が大きくなった。

仙山線 ❻
仙台駅〜羽前千歳駅。宮城県仙台市と山形県山形市、2県の県庁所在地を結ぶ路線。日本の交流電化発祥の路線で、作並駅にはその記念碑も建つ。

BRT（気仙沼線）❸
BRTは、バス高速輸送システムを意味する「Bus Rapid Transit」の頭文字。おもに震災で被害を受けた気仙沼線などの路線が復旧するまでのあいだ、鉄道にかわる住民の交通手段としてBRTが重要な役割をはたしている。

仙石線 ❺
あおば通駅〜石巻駅。仙台市から松島湾に沿って石巻市に向かい走っている。東日本大震災の影響で運行できない区間もあったが、2015年5月30日に全線で運転を再開した。

エメラルドグリーンの御釜は見逃せない！

松島やああ松島や松島や！

宮城県を走る鉄道

❶はやぶさ（JR東日本） 東京⇔新青森

北海道新幹線のH5系とは兄弟なんだ！

E5系は、最高時速320kmで走るJR東日本の新幹線。グリーン車よりもさらに豪華なグランクラスがあり、アテンダントが食事や飲みものを運んでくれるといったサービスがある。ノーズの先端を開いて、E6系などと連結して走ることもできる。

❷東北本線（JR東日本） 東京⇔盛岡

のんびり各駅停車の旅もオツなもの！

写真は、春らんまんの季節、桜が満開の大河原駅〜船岡駅間を走るE721系。宮城県内には、利府駅に向かう東北本線の支線も存在する。

❸BRT（JR東日本） 前谷地⇔気仙沼など

復旧中の路線のかわりに気仙沼線沿線や大船渡線沿線を走るバス。車両には路線の復興を象ちょうするキャラクターがデザインされている。三陸の豊かな自然をイメージした観光用の車両には、車中に沿線の観光パンフレットを設置している。

❹リゾートみのり（JR東日本） 仙台⇔新庄

「実り多い旅にしてほしい」という乗客への願いがこめられた名前。車両の色は、紅葉と金色の秋の稲穂をイメージしている。

❺仙石線（JR東日本） あおば通⇔石巻

いざ、絶景の旅へ！

車窓からは、日本三景と名高い名勝地、風光めいびな松島の景色をまんきつできる。仙石東北ラインではディーゼルハイブリッドシステムを搭載したHB-E210系も、走行している。

❻仙山線（JR東日本） 仙台⇔羽前千歳

奥羽山脈の雄大な景色や深い渓谷を楽しめる。

鉄道で行く！山形県

写真スポット

酒田（さかた）

▲遊佐駅～吹浦駅。鳥海山をバックに一面の菜の花畑を列車が走る。鳥海山は「出羽富士」ともよばれる東北の名山のひとつだ。

羽越本線

新庄（しんじょう）

東北を代表する霊山。山に沿うような形でたくさんのお堂や塔が建てられ、登りながら順にぐるりと参拝する。日本を代表する俳人、松尾芭蕉が「閑さや岩にしみ入る蝉の声」という有名な俳句をよんだ場所としても知られる。山寺の正式名称は宝珠山立石寺。

山を登って心を清める
徒歩で10分
山寺

山形新幹線 / 奥羽本線

グルメ 芋煮

里芋、肉をメインに使った鍋料理。グループで芋煮を食べる芋煮会は、山形県ではなくてはならない定番の年中行事。

山寺（やまでら）

仙山線

「3万人が食べられる芋煮ってすごいでしょ？」

山形（やまがた）

モンスターがすむ雪原！
バスで40分
山形蔵王

蔵王ロープウェーまでの所要時間。

山形県と宮城県にまたがる蔵王連峰は大自然の宝庫。山形側には、奥羽三高湯のひとつである蔵王温泉とスキー場がある。冬に蔵王温泉のロープウェーに乗ると、樹氷がつき立つ圧巻の雪原を見ることができる。

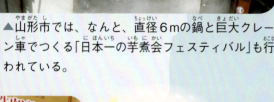

▲山形市では、なんと、直径6mの鍋と巨大クレーン車でつくる「日本一の芋煮会フェスティバル」も行われている。

駅弁 牛肉どまん中

米沢名物の駅弁。米どころ、山形県でとれたブランド米「どまんなか」の上に牛肉のそぼろと牛肉煮をのせた牛丼風弁当。山形新幹線の開業にあわせて開発された力の入った一品だ。

「ガオー！スノーモンスターだぞ！」

米沢（よねざわ）

米坂線

鉄道で行く！宮城県

写真スポット
陸羽東線 / 古川 / 仙山線

▲鳴子温泉駅〜中山平温泉駅。鳴子トンネルをぬけて、断崖絶壁の鳴子峡を列車が走る。紅葉シーズンは、鳴子温泉駅からゆっくり歩いて、この景色を楽しむのもいい。

駅弁 極撰炭火焼き牛たん弁当
特製の塩ダレにつけこんだ仙台名物の牛タンを焼きあげた。仙台駅の代表的な駅弁。加熱容器のヒモを引くとホカホカに弁当をあたためてくれる構造。

東北新幹線 / 東北本線

松島とは、松島湾にうかぶ260ほどの島々のこと。リアス式海岸の複雑な地形に海水が入りこみ、いくつもの山頂が島として残ってできた、自然の希有な景観だといわれている。遊覧船で島々のあいだをめぐってみよう。

日本を象ちょうする絶景！
松島
徒歩で4分

松島海岸 / 仙石線

グルメ ずんだ餅
枝豆の風味豊かな味わい！

枝豆でつくったあんに餅をからめた宮城県の郷土料理。枝豆がとれる夏によくつくられる。ずんだという名前は、戦国時代の武将、伊達政宗が名づけ親だという説もある。

仙台

大自然がつくった芸術！
宮城蔵王
バスで60分 + バスで47分
御釜付近までの所要時間。山頂までは冬季をのぞく土日祝日のみ、バスが運行。

宮城県側の蔵王の見どころは、火山噴火によってできたエメラルドグリーンの巨大な御釜。光の当たり方や時間によってびみょうに色を変える美しさから、別名、五色沼ともよばれている。

25

福島県

人口	191.4万人
面積	13,784km²
県庁所在地	福島市

県の中央を東北新幹線と東北本線が並走している。県の西は、会津若松駅を中心にローカル線が各方面に走っている。海岸部には、常磐線が太平洋をのぞみながら走行している。

磐越西線❶❹
郡山駅〜新津駅。日本で最長距離を走るSLが運行されている。沿線エリアには、ネコ目イタチ科のオコジョが生息していることからSLのなかにはオコジョをモチーフにしたものがいっぱい！

幕末、会津戦争の舞台としても有名なお城だよ！

只見線❷
会津若松駅〜小出駅。日本一紅葉が美しいといわれる路線。2011年の豪雨で橋が流されて以来、一部区間が不通だったが、2021年度内の復旧をめざしている。会津若松駅〜会津川口駅、只見駅〜小出駅は現在も運行中。

会津鉄道❸
西若松駅〜会津高原尾瀬口駅。沿線には「会津若松城」「大内宿」などの会津を代表する名所がある。

よ〜し！もうすぐ関東だ！

ぼくはこれから東北をゆくよ。

❸お座トロ展望列車（会津鉄道）　会津若松⇔会津田島

トロッコ車両と、お座敷・展望車両の2両で編成されている。特にながめが美しい場所では一時停止してくれるサービスもある。桜の美しい季節など、写真の撮影にはもってこいの列車だ。

❹フルーティアふくしま（JR東日本）　郡山⇔会津若松など

「フルーツ」と「ティー（お茶）」の2つをかけた名前のカフェ列車。車内ではお茶といっしょに福島県産の旬のくだものを使ったスイーツを楽しむことができる。

福島県を走る鉄道

①SLばんえつ物語（JR東日本） 会津若松⇔新潟

1号車には「オコジョ展望車両」として、子どもが遊べる「オコジョルーム」や大きい窓で景色が楽しめる「オコジョ展望室」がある。

阿武隈急行⑤
福島駅〜槻木駅。地元では「あぶきゅう」とよばれている。

福島交通⑥
福島駅〜飯坂温泉駅。「いい電」の愛称で親しまれているとても短い路線。

近くを走っている磐越東線は「ゆうゆうあぶくまライン」ともよばれているよ。

②只見線（JR東日本） 会津若松⇔小出

秘境の紅葉や雪景色を楽しむことができる。写真は、第一只見川橋梁。列車といっしょに水鏡に映りこんだ橋と紅葉が織りなす万華鏡のような景観が美しい。

⑤阿武隈急行線（阿武隈急行） 福島⇔槻木

車両デザインは一般公募によって選ばれたもの。青は阿武隈川を、緑は豊かな山々と農地を表している。美しい故郷の自然と、地域の発展を願ってデザインされた。

阿武隈川の中流から下流に沿って走るよ！

⑥飯坂線（福島交通） 福島⇔飯坂温泉

るんるんるん いい電乗ったら いい気分〜♪

鉄道で行く！福島県

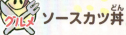

西若松 にしわかまつ
会津若松 あいづわかまつ

グルメ ソースカツ丼

会津でカツ丼といえば、卵とじの出汁味ではなく、千切りキャベツの上にのったソース味。ひたひたソースがたまらない。

きみはどっちのカツ丼が好きかな？

▼湯野上温泉駅はかやぶき屋根でできている。情緒あふれるこの駅舎は「東北の駅百選」にも選ばれた。

写真スポット
湯野上温泉 ゆのかみおんせん

日本でゆいいつの赤瓦
鶴ヶ城

バスで30分

会津若松城ともよばれるが、地元でのよび名は鶴ヶ城。難攻不落の名城とされ、戊辰戦争のときに会津勢が籠城し、激しい損傷を負いながらも最後まで攻め落とされなかった。昭和～平成にかけて再建され、2011年には天守閣の瓦が幕末当時と同じ、赤瓦に復元された。

磐越西線

時を超えるかやぶきの町
大内宿

タクシーで10分

会津鉄道

江戸時代、運搬路として栄えた会津西街道沿いの宿場町として活気を帯びた大内宿。山間に現れる、かやぶき屋根の民家が並ぶたたずまいには、まるでタイムスリップしたかのような感覚を覚える。当時の生活を再現した町並み展示館は、かつて使われていた生活用具をたくさん展示している。宿内をぐるっと見てまわったあとは、箸のかわりにねぎで麺をすくって食べる名物料理、高遠そばに挑戦してみよう。じょうずに食べられるかな？

裏磐梯とは、磐梯山の北側のこと。1888年に磐梯山が噴火して磐梯高原が生まれ、美しい景観に恵まれた土地となった。200〜300存在するという湖沼は、ひとつひとつ変化に富んだ色合いを見せてくれる。火山の影響により、それぞれの湖沼の水質、沈殿物、生息する植物の種類が異なるため、それが水の色に影響するといわれているんだそうだ。

1年中楽しめる大自然
裏磐梯
バスで30分

東北新幹線

猪苗代（いなわしろ）

郡山（こおりやま）

駅弁 小原庄助べんとう

郡山駅の二段重ね駅弁。福島県の民謡、『会津磐梯山』に登場する朝寝、朝酒、朝湯が大好きだという人気者、小原庄助をテーマにしてつくられている。

磐越東線

▲川前駅〜江田駅のあいだは、夏井川渓谷を走る。春は桜、初夏は新緑、秋は紅葉の名所。

写真スポット

神俣（かんまた）

タクシーで5分

時と自然がつくる芸術
あぶくま洞

約8000万年の歳月をかけて形成された鍾乳洞。したたり落ちる地下水によってつくりあげられた鍾乳石の数の多さ、種類の豊富さは、東洋一ともいわれ、美しいライトアップにより陰影を楽しむことができる。冬季には洞窟を活かしたコンサートが開さいされ、天然の音響のなかで音楽を聞くことができる。洞窟内では数種のコウモリやサンショウウオなど、めずらしい野生の動物の生息も確認されている。

茨城県

人口	291.8万人
面積	6,097km²
県庁所在地	水戸市

県を南北に常磐線が走っており、首都圏とのあいだを特急列車がひんぱんに運転している。自動運転の最新車両から太平洋側の海岸を走るレトロな車両まで、多種多様な列車が走る。

常磐線 ①
日暮里駅〜岩沼駅。茨城県を経由し、東京都と宮城県を結ぶ路線。上野東京ライン開業で、品川駅から発着する列車も運行するようになった。

水郡線 ⑥
水戸駅〜安積永盛駅・上菅谷駅〜常陸太田駅。奥久慈清流ラインという愛称のとおり、沿線では袋田の滝をはじめとした大自然や天然温泉など水にまつわる名所を楽しめるのが大きな魅力。

関東鉄道常総線 ④
取手駅〜下館駅。旧常陸国と旧下総国にまたがることから路線名がついたそう。

ひたちなか海浜鉄道 ②
勝田駅〜阿字ヶ浦駅。国営ひたち海浜公園やアクアワールド大洗水族館など、子どもも大人も楽しめるスポットがある。

鹿島臨海鉄道 ③
水戸駅〜鹿島サッカースタジアム駅。沿線には鹿島神宮や鹿島サッカースタジアムなどがある。

首都圏新都市鉄道 ⑤
秋葉原駅〜つくば駅。「つくばエクスプレス」とよばれ、東京都内からつくば市の筑波研究学園都市までを結ぶ路線。路線上には踏切がなく、すべての駅にホームドアが設置されるなど、いろいろ安全に配慮された鉄道。

ぼく「ひたち」！海沿いをぐんぐん走るよ！

美しい青い花畑がきみを待ってるよ！

ぼく「ときわ」！ひたちよりもこまめに停まるよ！

宇宙のこと知りたくない？学びにおいでよ！

湖の大きさ日本第2位！

茨城県を走る鉄道

①ひたち・ときわ（JR東日本）

「ひたち」と「ときわ」は、常磐線の特急列車で、両方とも同じ車両を使っている。上野東京ラインの開業にともない品川駅発着の列車もできたので、より使いやすくなった。福島県のいわき駅まで、より長い距離を走る「ひたち」では、車内販売が設けられている。

（走る区間で列車名がちがうよ！）

「ひたち」品川⇔いわきなど
「ときわ」上野⇔勝田など

②ひたちなか海浜鉄道　勝田⇔阿字ヶ浦

50年も前から活やくしている車両がいまも走っている。写真のような、沿線に住む小学生たちのぬり絵を活かしたアニマルトレインなど、カラフルな車両もこの路線の名物のひとつ。駅猫として人気の「おさむ」「ミニさむ」にも会いたい。

③大洗鹿島線（鹿島臨海鉄道）　水戸⇔鹿島サッカースタジアム

ブルーとブラウンとレッドの車体。車内は全席がロングシートですっきりしている。

（茨城県のマリンスポットとして有名な大洗にも行けるよ！）

④常総線（関東鉄道）　取手⇔下館

ディーゼルエンジンを原動力にする気動車が走っている。定期的に気動車の体験運転会が開かれていて、乗務員さんの指導のもと、車掌業務や運転業務を体験できる。

⑤つくばエクスプレス（首都圏新都市鉄道）　秋葉原⇔つくば

研究学園都市をつなぐ路線らしく、日本ではじめて車内に無線LANが整備されたり、自動運転がなされたり、先端技術が活かされている列車。

（自動運転で駅にピタリと止まれるよ！ぼくってすごい！）

⑥水郡線（JR東日本）　水戸⇔安積永盛・上菅谷⇔常陸太田

（ぼくに乗って日本三大名瀑のひとつ袋田の滝に行けるよ！）

鉄道で行く！茨城県

首都圏新都市鉄道

遠い宇宙がリアルにせまる！
JAXA筑波宇宙センター

バスで6分

最先端の研究施設が集まるつくば市には、JAXA（宇宙航空研究開発機構）の研究施設があり、見学が可能。人工衛星やロケット・輸送システムにくわしくなれるスペースドームのほか、時期によって内容が変わる見学ツアーがある。ツアーは事前に予約が必要だが、宇宙飛行士養成棟や宇宙における有人実験施設「きぼう」を運用する管制室を見学でき、たいへん貴重な内容だ。

◀国際宇宙ステーションＩＳＳの補給機、「こうのとり」（ＨＴＶ）も見学できる。宇宙ステーションに必要な物資を運び、帰りはステーションで要らなくなったものを地球に持ち帰るという役割がある。

ねば～る君
納豆と茨城と子どもたちを応援する納豆の妖精。茨城県のご当地キャラ。伸びる、縮む、ネバることが得意。

©Office710/MIRIM

鉄道コラム　日本一○○が長～い駅を探せ！

個々の駅にはいろいろな特ちょうがあるが、ここではそれぞれ何かが日本一「長～い」駅を集めてみた。茨城県の「長者ヶ浜潮騒はまなす公園前」駅もそのひとつ。いったい何が日本一「長～い」のかわかるかな？　くわしく見てみよう。

●日本一名前が長～い駅
「長者ヶ浜潮騒はまなす公園前」駅は、日本一長い読み仮名の駅名。同じく熊本県の「南阿蘇水の生まれる里白水高原」駅も22文字で日本一。文字数だと、千葉県の「リゾートゲートウェイ・ステーション」駅の17文字がもっとも長い駅名になる。

●日本一長～いホームがある駅
京都駅には、長さ558mものホームが存在する。なぜ、在来線のホームが16両もある新幹線のホームよりも長いのか。じつは、0番線と30番線2つのホームがつながっているからなんだ。

●日本一歴史が長～い駅
日本一歴史の長い駅は2種類ある。歴史が古いのは1872年開業の品川駅。駅舎が古いのは愛知県にある亀崎駅。亀崎駅では1886年に開業したときの駅舎そのものがいまも現役で活やくしている。

土浦	常磐線	写真スポット	偕楽園	水戸	勝田
つちうら			かいらくえん	みと	かつた

空と湖をいろどる花火！
霞ヶ浦

バスで16分 遊覧船乗り場があるラクスマリーナまでの所要時間。

霞ヶ浦は、国内で第2位の大きさをほこる湖。年間を通して水鳥に出会える。また、夏には白く大きな帆が特ちょうの帆引き船を見ることができる。秋には、土浦全国花火競技会という大規模な花火大会が行われ、空に打ち上がった花火が、湖の水面にも美しい色を映し出す。

◀赤塚駅〜水戸駅にあるのが、日本三大庭園のひとつ、偕楽園。梅の名所として有名なので、満開になる時期には、偕楽園駅という臨時駅も営業する。

グルメ どぶ汁

太平洋沖、アンコウの水揚げが多い茨城県海沿いの郷土料理。水を使わずアンコウと野菜の水分だけでつくる。あん肝をたっぷり入れるので、なんとも濃厚な味わい。

駅弁 印籠弁当

徳川家の葵の御紋が入った水戸黄門の印籠形駅弁。偕楽園の梅を思わせる、梅をテーマにしたおかずがいろいろ入っている。

「ひかえおろう〜！」

ひたちなか海浜鉄道

阿字ヶ浦
あじがうら

空にとけこむ青い花畑！
国営ひたち海浜公園

バスで10分

約200haという広大な土地に花畑が広がる巨大な花のテーマパーク。スイセン、チューリップ、ネモフィラ、バラ、コキア、コスモスなど、四季折々、季節の花が大地をいろどっている。

群馬県

人口	197.3万人
面積	6,362km²
県庁所在地	前橋市

新幹線の停まる高崎駅からたくさんの路線が県内や県外、おもに甲信越の各方面に伸びている。温泉街に向かう特急のほか、レトロなふんいきの車両や駅が多く、のどかで風情のあるようすに心ひかれ、何度も足を運びたくなる。

尾瀬国立公園
尾瀬の自然を見においで！

宮内駅→
土合
水上
上越線
長野原草津口
沼田
赤城山
間藤
吾妻線
大前
しぶかわ
渋川
水沼
神戸
関東山地
榛名山
上越新幹線
北陸新幹線
中央前橋
西桐生
横川
世界遺産へご案内〜！
前橋
桐生
高崎
伊勢崎
上州富岡
下仁田
世界遺産登録で海外からの観光客も増加中！
富岡製糸場
→大宮駅・上野駅

吾妻線①②

渋川駅〜大前駅。赤城山や榛名山、吾妻川の渓谷など、群馬県の美しい景色を楽しめる路線。八ッ場ダム建設による線路つけかえ前には、鉄道トンネルとして日本一短い樽沢トンネルがあった。

⑤上信線（上信電鉄） 高崎⇔下仁田

富岡製糸場を訪れるお客さんが多いんだ！

⑥上毛線（上毛電気鉄道） 中央前橋⇔西桐生

栃木県(とちぎけん)

人口	197.5万人
面積	6,408km²
県庁所在地	宇都宮市

世界遺産の日光や鬼怒川温泉まで各種特急が走っており、都心からの観光に便利。昭和初期のSLから最新式の蓄電池駆動電車まで、いろいろな列車が県内で活やくしている。

東武鉄道鬼怒川線❷❸
下今市駅～新藤原駅。沿線には名前が示すとおり、栃木県内でもっとも有名な温泉地のひとつ、鬼怒川温泉がある。

おっほん！ここにまつられている私の名前、わかるかな？

宇都宮の地下にはいったい何が広がっていると思う？

東武鉄道日光線❷❸
東武動物公園駅～東武日光駅。埼玉県と栃木県を結ぶ路線。同じ東武鉄道の東武伊勢崎線への直通運転も多い。

日光への旅行は豪華なぼく、「けごん」を使ってみてね。

❹SLもおか（真岡鐵道） 下館⇔茂木

土日祝日に真岡線を一日一往復するSL。C11形、C12形が走る。SLに乗車するには乗車券のほかにSLもおか券が必要で、乗車すると記念証がもらえる。「いちごSL」、「SLサンタトレイン」、「SL新年号」など、季節ごとのイベント列車が走る。春になると、線路のすぐそばで桜と菜の花がさくので、SLといっしょに美しい春の花の写真をとろうと、多くのカメラマンが集まる。

栃木県を走る鉄道

❶ACCUM（ＪＲ東日本）　宇都宮⇔烏山

国内初の蓄電池駆動電車。蓄電池駆動電車とは、バッテリー（蓄電池）で走る最先端の電車のこと。排気ガスが少なく静かに走ることができる。東北本線では架線からの電力で走り、烏山線では蓄電池を使って走る、かしこい車両。

「車両出発！」

烏山線❶

宝積寺駅〜烏山駅。「宝積寺」や「大金」といった縁起がいい名前の駅があることから、路線の7つの駅にそれぞれ七福神が割り当てられ、駅構内を飾っている。

真岡鐵道❹

下館駅〜茂木駅。焼き物で有名な益子町を経由する。ＳＬ型の真岡駅には、東口に蒸気機関車などを展示する「ＳＬキューロク館」があり、西口にはかつて真岡鐵道で活やくした車両が展示されている。真岡駅や茂木駅では、実際にＳＬが転車台に乗って向きを変えるようすも見学することができる。

写真の「きぬがわ」は、真っ赤な車体が特ちょうの鬼怒川温泉に向かう特急列車。池袋駅を経由し、東北本線の栗橋駅で東武鉄道に乗り入れている。同じ車両を使った「日光」も走っている。

❷日光・きぬがわ（ＪＲ東日本）
「日光」新宿⇔日光　「きぬがわ」新宿⇔鬼怒川温泉

❸けごん・きぬ（東武鉄道）
「けごん」浅草⇔東武日光　「きぬ」浅草⇔鬼怒川温泉

浅草と日光・鬼怒川方面をつなぐ特急列車。「けごん」と「きぬ」のほか、「スペーシア日光」、「スペーシアきぬがわ」としてＪＲ線との直通運転もしている。飲みものや軽食が楽しめるビュッフェや、天然大理石のテーブル、まるでホテルのような個室まである豪華な列車だ。

「スペーシアきぬがわ」は、ＪＲの新宿駅を発着しているよ！

鉄道で行く！群馬県

尾瀬国立公園
湿原をハイキング！

群馬県、福島県、新潟県、栃木県にまたがる国立公園。尾瀬への起点として人気の鳩待峠から、尾瀬散策の中心となる尾瀬ヶ原までは1時間ほど。貴重な自然が保護されている。ミズバショウのさく5〜6月には、歌曲「夏の思い出」の歌詞どおりの美しい光景に出会える。

バスで90分 + バスで25分

鳩待峠まではバスを乗り継ぐ。福島県や新潟県から行くルートもある。

写真スポット 土合（どあい）

▲土合駅は、日本一のモグラ駅。なんと、改札から地下の下りホームまで階段が486段もある。

路線図
- 土合
- 水上（みなかみ）
- 沼田（ぬまた）
- 上越新幹線
- 吾妻線
- 上越線
- 北陸新幹線
- 両毛線
- 上州富岡（じょうしゅうとみおか）— 上信電鉄
- 高崎（たかさき）

駅弁 だるま弁当

高崎名物だるまのユーモラスな器に、山菜やきのこ、穂先竹の子など群馬の幸がふんだんに盛りこまれている。食べたあと、容器は貯金箱にもなる。

グルメ 水上ダムカレー

関東の水がめとよばれるほどダムの多い町、水上ならではのカレー。左から重力式、アーチ式、ロックフィル式ダムカレー。

ご飯がダムの形になっていて、ルーは湖、福神漬けは水の流れを表しているよ。

富岡製糸場
日本の近代化に貢献！ 世界遺産

徒歩で10分

西洋の技術を導入した日本初の模範器械製糸工場。長さ100mを超える木骨レンガ造の繭倉庫や繰糸場など、おもな施設が当時とほぼ変わらぬ状態で残っている。富岡製糸場を知りつくした解説員さんによる興味深い話いっぱいのガイドツアーに参加すれば、見学も2倍楽しめる！

鉄道で行く！栃木県

東武日光

日光

日本を代表する聖地
日光の社寺

徒歩で30分　世界遺産

東照宮までの所要時間。それぞれの寺社の近くまでバスが出ているので調べてみよう。

世界遺産「日光の社寺」とは、日光市にある歴史的建築物の集まり。徳川家康をまつる日光東照宮や日光山の神をまつる日光二荒山神社、日光山のお寺の総称である日光山輪王寺によって構成されている。参道沿いのおみやげやさんをのぞきながら歩くのも楽しい。

駅弁　日光埋蔵金弁当

日光彫と漆ぬりの器と箸で食す最高級駅弁！！ とちぎ和牛やキャビアなどの高級食材がオンパレードで、お値段は、なんとびっくり15万円！！

▲日光東照宮の陽明門。江戸時代の美しい彫刻や彩色の技術が見もの。

東北本線

宇都宮

巨大地下空間の正体は？
大谷資料館

バスで30分

宇都宮市の地下には広さ２万㎡、深さ30mという巨大な地下空間が広がっている。じつはこれ、石の採掘場あと。1919年から約70年間、大谷石をほり出してできたものだ。ツルハシのあとがついているでこぼこの岩肌は、手ぼり作業の厳しさを感じさせる。

グルメ　宇都宮餃子

200軒をこえる餃子のお店がある宇都宮。宇都宮餃子は、野菜多めの具が特ちょう。

宝積寺

とち介

©2014栃木市とち介　T160126

栃木市で生まれた蔵のようせい。うでを広げて、栃木市(Tochigi)の「T」を表すポーズが得意。

烏山線

写真スポット

▲滝駅〜烏山駅の龍門の滝。烏山線の下を高さ20m、幅65mにわたって滝が流れ落ちる。

烏山

東武日光線　日光線　東北本線

埼玉県（さいたまけん）

人口	726.1万人
面積	3,798km²
県庁所在地	さいたま市

主要都市の大宮駅からたくさんの路線が県内・県外の各方面に伸びている。秩父周辺には首都圏からの特急やSLなど複数のアクセスがあり、列車を使った観光がしやすいのも特ちょう。

⑤ 東武鉄道東上本線
池袋駅〜寄居駅。越生線と東上本線をあわせて東上線ともよばれる。地下鉄との直通で乗り入れ運転も行っている。

② 秩父鉄道
羽生駅〜三峰口駅。沿線には、埼玉随一の観光地、長瀞と秩父がある。

① 西武鉄道池袋線
池袋駅〜吾野駅。西に向かい、所沢駅をすぎたあたりから、密集した住宅街の風景がしだいにのどかになっていく。

川下りと岩畳とかき氷が名物！

南関東をぐるり！

③ 武蔵野線（JR東日本）　府中本町⇔西船橋

④ 川越線（JR東日本）　大宮⇔高麗川

形はちがうけど右の川越線と同じ209系だよ。

ぼくら兄弟車両なのさ！

埼玉県を走る鉄道

①レッドアロー（西武鉄道）
西武池袋⇔西武秩父 など

同じ車両を使った特急でも、走る区間によって名前が変わる。西武池袋駅と西武秩父駅を結ぶ「ちちぶ」、西武池袋駅と飯能駅を結ぶ「むさし」、西武新宿駅と本川越駅を結ぶ「小江戸」の３種類がある。

④川越線
大宮駅～高麗川駅。小江戸とよばれる川越市と県の主要都市、大宮を結ぶ。

⑥埼玉新都市交通
大宮駅～内宿駅。「ニューシャトル」という愛称で親しまれている。駅ごとにシンボルカラーがあり、停まる駅を区別しやすくなっている。ちなみに大宮駅のカラーは紫色。

③武蔵野線
府中本町駅～西船橋駅。武蔵野台地を大きくまわる。しかし、一周はしていない。もとは貨物線として建設された路線。

②パレオエクスプレス（秩父鉄道）
熊谷⇔三峰口

車両は、かつて東北地方など、旧国鉄（現在のＪＲ）で活やくしていた蒸気機関車、C58 363。「パレオ」という名前は秩父地方におよそ2000万年前に生息していたといわれる、海獣パレオパラドキシアにちなんでつけられた。

ぼくは春のイベント列車「ＳＬさくら号」だよ！

⑤TJライナー（東武鉄道）
池袋⇔小川町 など

ふだんはロングシートで運行されているが、「ＴＪライナー」として運転するときには、ロングシートからクロスシートに変わる。

⑥ニューシャトル（埼玉新都市交通）
大宮⇔内宿

新幹線高架軌道の張り出し部分を活用して走っているのでとてもながめがよく、晴れた日には富士山が見える。ゴムのタイヤを使っているので振動が少なく、快適に乗ることができる。

鉄道で行く！埼玉県

秩父鉄道　写真スポット

長瀞（ながとろ）

熊谷（くまがや）

高崎線

静かな流れ「瀞」を楽しむ
徒歩で1分　長瀞ライン下り案内所までの所要時間。

長瀞

長瀞といえば、国の天然記念物である岩畳。その名のとおり、畳のように大きな岩が広がっている。3月中旬から12月上旬にかけて楽しめる荒川のライン下りに参加すれば、岩畳はもちろん、おだやかな渓谷美やスリルを味わえる急流など、長瀞の自然をまんきつできるはずだ。

▲上長瀞駅～親鼻駅。荒川にかかる橋の上を列車が走ってゆく。

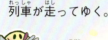かき氷

長瀞町では天然の氷でつくったかき氷が大人気。ふわふわでキメの細かい氷は頭がいたくなりにくく、ミネラルをたくさんふくんでいるんだそう。

舌の上でふわっととけちゃうよ！

12月上旬～3月中旬には冬季限定のこたつ舟が登場！

▼蔵造りの町並み。

川越（かわごえ）　川越線

時を超えて鐘の音が響く
徒歩で25分　蔵造りの町並みまでの所要時間。

川越

昔から江戸との物流が活発だった川越は、「小江戸」とよばれるほど栄えた城下町。寺院や川越城本丸御殿などの歴史的建造物が残っているが、いちばんの見どころは蔵造りの町並みだ。蔵造りの建物が多いのは幾度となく町が火事に見舞われたことを教訓に、耐火性にすぐれた蔵を建てるようになったからといわれている。江戸時代から今日までずっと川越の町に時を告げてきた「時の鐘」も現役で、1日4回鐘の音が町中に鳴り響く。何軒もの駄菓子やさんが集まる菓子屋横丁や江戸時代から続く醤油蔵も見どころのひとつ。

▲古い町並みの残る、菓子屋横丁。

JR東日本創立20周年記念に建設された鉄道の博物館。明治時代初期から現代まで、鉄道の歴史を紹介するヒストリーゾーンでは、かつて活やくしていた実物車両のなかに入れる。豊富な鉄道資料をもとに「情景再現」を演出しているため、車両の窓からは当時にそっくりのホームが見え、ふんいきまんてん。ほかにも、運転シミュレータや巨大な鉄道ジオラマなど、鉄道ファンならずとも楽しめる展示ばかり。入館やおみやげの購入、食事まで、すべてSuica 1枚で支払えるのもさすがの博物館だ。

鉄道好きも！　そうじゃなくても！
鉄道博物館

 徒歩で1分

▶ヒストリーゾーンの中央、目玉となる車両はターンテーブルで360度回転する。

写真：鉄道博物館

【鉄道博物館（てつどうはくぶつかん）】

埼玉新都市交通　東北本線

 駅弁

黒豚みそだれ弁当

ちょっとピリ辛！

埼玉県のブランド豚、彩の国黒豚を使った大宮駅名物駅弁。秘伝のみそだれが、お肉との相性バツグン。

グルメ
ハチクマライス

かつて特急や急行列車には食堂車が連結されていた。その食堂車でつくられていた列車乗務員のまかない食がハチクマライス。いまでも鉄道博物館内の日本食堂で食べられる。

【大宮（おおみや）】
埼京線

【南桜井（みなみさくらい）】
東武鉄道野田線

 バスで8分

▼幅78m、長さ177m、高さ18mの調圧水槽。地下トンネルから流れてきた水の勢いを弱め、スムーズに流すための空間。

首都圏を洪水から守る！
首都圏外郭放水路

地下神殿の異名をもつ首都圏外郭放水路は、地中深くに建設された世界最大級の地下河川。あふれそうになった中小河川の水を地下に取りこみ、江戸川に流す。洪水から首都圏を守るという役割のためにつくられた。直径10mの6.3kmにわたる地底トンネルや重量500トンの柱が59本も並ぶ調圧水槽など、とんでもないスケールの巨大空間には圧倒されることまちがいなし。施設が稼働していないときは見学会も行っているので、埼玉県の地下神殿を一目見たいという人は、ぜひ見学会を予約しよう。

43

人口	622.4万人
面積	5,158km²
県庁所在地	千葉市

住宅街から海の近くまで、千葉県の形に沿うように細かく路線が走っている。都市部にはモノレールや空港を目指す特急が走り、郊外には独特なかわいらしいローカル線も多い。

京成電鉄 成田スカイアクセス ④

京成高砂駅〜成田空港駅。この路線ができて成田空港と都心とのアクセスがとても便利になった。

銚子電気鉄道 ⑥

銚子駅〜外川駅。沿線には犬吠埼やマリンパークなどがある。廃線の危機を救ったお菓子「銚電のぬれ煎餅」が有名。

舞浜リゾートライン ③

「ディズニーリゾートライン」として東京ディズニーリゾート内を運行するモノレール路線。

千葉都市モノレール ①

1号線と2号線がある。懸垂型モノレールとしては営業距離世界最長の15.2kmをほこり、ギネス認定も受けている。愛称は「タウンライナー」。

小湊鐵道 ⑤

五井駅〜上総中野駅。千葉の里山をのんびり走る。上総中野駅でいすみ鉄道に乗りかえると、房総半島を横断できる。

内房線 ②

蘇我駅〜安房鴨川駅。千葉県の西側、東京湾沿いの内回りを走って南房総へと向かうので、内房線とよばれる。これに対し太平洋側の外回りを走る路線は外房線とよばれる。

千葉県を走る鉄道

①アーバンフライヤー（千葉都市モノレール） 千葉⇔千城台など

電車が逆さまに走っているように見えるめずらしいモノレール。写真の「アーバンフライヤー」のほか、アーバンフライヤーとまったく逆さまにラッピングされた「ノモちゃん号」、マスコットキャラクターがえがかれた「モノちゃん号」など、個性的な車両が走っている。

> ぶらさがり型のぼくらのことを、正式には懸垂型モノレールっていうんだ。

②さざなみ（JR東日本） 東京⇔君津

「美しい房総半島の自然」や「さらに発展してゆく千葉のエネルギッシュなイメージ」がデザインコンセプト。

④スカイライナー（京成電鉄） 京成上野⇔成田空港

「風」をテーマにデザインされた車体はとてもシャープな顔つき。新幹線のつぎに速い列車（在来線最速の時速160km）として活やくしている。荷物置き場には防犯カメラもあるので、大きなスーツケースも安心して置いておける。

> 空の玄関へお連れしよう！
> Have a good flight !

③ディズニーリゾートライン（舞浜リゾートライン）

リゾートゲートウェイ・ステーション⇔リゾートゲートウェイ・ステーション

⑤里山トロッコ（小湊鐵道） 上総牛久⇔養老渓谷

展望車には窓がなく、体全身で千葉の自然を感じられる。SLに似せたディーゼル機関車で、走行中にはほんものそっくりのSLらしい汽笛を鳴らしてくれる。

> 客車の天井はガラス張り！

⑥銚子電気鉄道線（銚子電気鉄道） 銚子⇔外川

赤や青、緑などカラフルな車両が走っている。本銚子駅から銚子駅への上り線は上り調子（銚子）になるということで、げんをかつぐ人に人気がある。

鉄道で行く！千葉県

東京ディズニーランドやディズニーシー、大型ショッピング施設、ディズニーホテルなどがある。大人と子どもがいっしょに楽しめる場所をつくりたいという、創業者ウォルト・ディズニーの目指したエンターテインメント精神が受け継がれている。

夢の入り口はこちら！ 徒歩で4分 東京ディズニーランドまでの所要時間。

東京ディズニーリゾート

舞浜 （まいはま） — 京葉線 / 舞浜リゾートライン

野田市 （のだし） — 東武鉄道野田線

しょうゆ博士になれるかも 徒歩で3分

もの知りしょうゆ館

野田市では、約350年も前からしょうゆづくりが続けられていて、いまもなお全国生産量第1位をほこる。キッコーマンのもの知りしょうゆ館では、もろみの熟成のようすや、しょうゆの色・味・香りを体験することができる。いまも伝統的な製法でしょうゆをつくっている御用蔵では、建設当時の道具や装置を保存・展示している。

鉄道コラム 時刻表を見てみよう！

鉄道の旅にかかせないのが時刻表。時刻表の見方がわかると、目的地までの旅の計画をたてるのに便利なことはもちろん、何時にどんな編成の列車が通るかということまでわかる。鉄道博士になれるかも!?

● 記号説明
↓ 通過
‖ 他線区経由
🚃 普通車の一部車両が指定席。

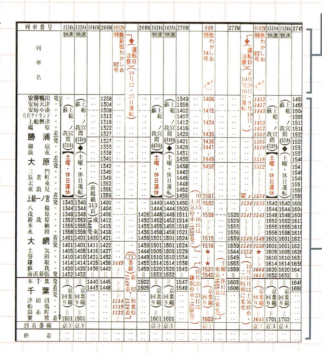

● 列車名
快速や特急、観光列車などの愛称が書かれている。左の時刻表からは、特急「わかしお」が走っているようすがわかる。食堂車や寝台車などの特別な車両がある場合、列車名の下にわかりやすくマークがついている。右の例（🍴）は、普通車の全車両が指定席で、食堂車を連結。

● 駅の発車時刻
いちばん左の列の駅名と同じ横軸にその駅の発車時刻が書かれている。乗りたい列車と乗車する駅名が交わるところを見てみよう。

成田 / 佐原　成田線

グルメ　ゆで落花生

千葉県は落花生の生産量全国1位。とれたての落花生をゆでて食べるのが、地元の人好みの食べ方。乾燥させたピーナッツよりも、やわらかくてしっとりとした甘味を感じることができる。

新食感！

房総の小江戸ここにあり！
佐原

徒歩で10分　伊能忠敬記念館までの所要時間。

江戸時代、水路を利用した町づくりで「江戸優り」といわれるほど栄えていた佐原。日本地図をつくった伊能忠敬ゆかりの土地でもある。

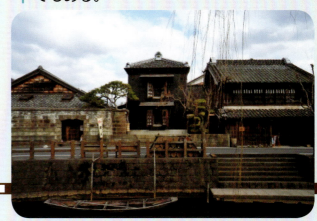

千葉県PRマスコットキャラクター　チーバくん

千葉県にすむふしぎな生きもの。横から見ると千葉県の形をしている。くいしんぼうでいたずら好きの人気者。JR東日本のSuicaペンギンと生みの親がいっしょだよ。

千葉県許諾 第B157-3号

総武本線

千葉 / 佐倉 / 君津　内房線

動物とふれあえる　マザー牧場

鹿野山に250haという広大な敷地をもつ、動物と自然がいっぱいの牧場型テーマパーク。ヒツジ、アルパカ、ヤギにエサをあげたり、生まれたばかりの動物の赤ちゃんと写真がとれたり、動物たちと間近にふれあえる。アルパカはきげんがわるいと、くさ〜いツバをはくことがあるので注意してね！

バスで40分　路線バスのほか、無料送迎バスもあり。

写真スポット

▲佐貫町駅〜上総湊駅。空気が澄んでいれば、富士山の美しい裾野と内房総の海をいっしょに撮れる。

駅弁　くじら弁当

南房総の名物、くじら肉の駅弁。いり卵の左右にくじら肉の大和煮とそぼろがしきつめられている。館山駅で売られている。

貴重な味わい　房州名物　くじら弁当

47

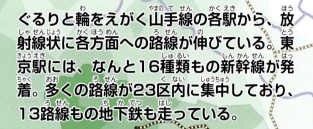

人口	1351.4万人
面積	2,191㎢
県庁所在地	新宿区

ぐるりと輪をえがく山手線の各駅から、放射線状に各方面への路線が伸びている。東京駅には、なんと16種類もの新幹線が発着。多くの路線が23区内に集中しており、13路線もの地下鉄も走っている。

ミシュランにも選ばれて、外国人も訪れる人気の山！

モノレールやゆりかもめで遊びに来てね！

荒川線 ❹
荒川区、北区、豊島区、新宿区を走る路面電車。23区の北側を走る。

オタクの聖地!?

空の上から東京の町を見わたせるよ！

下町のシンボルだよ！

100年の森！

山手線 ❸
品川駅～田端駅。東京の主要な駅を通って走る重要な路線。輪をえがいて走る。新宿駅は1日300万以上の人が乗り降りする。東京駅には30ものホームがある。

東京モノレール ❷
モノレール浜松町駅～羽田空港第2ビル駅。都心から羽田空港に行く人が利用する路線。

ゆりかもめ ❶
新橋駅～豊洲駅。道路の上の高いところにある路線を走るため、踏切がない。コンピュータで運転しているので運転士がいない。

ぼくらも東京の一員だよ～！

↓伊豆諸島・小笠原諸島

東京都を走る鉄道

①東京臨海新交通臨海線（ゆりかもめ）

新橋⇔豊洲

路線の正式名称は東京臨海新交通臨海線だが、愛称の「ゆりかもめ」でよばれることが多い。見晴らしがよく、東京タワーやレインボーブリッジなど、湾岸の景色を見ることができる。

②羽田空港線（東京モノレール）

モノレール浜松町⇔羽田空港第２ビル

コンクリートの上を走っているので「石道」といいたいところだが、法律上は立派な「鉄道」だ。羽田空港にアクセスしているので、旅行者や仕事で移動する人たちのためのスーツケース置き場が設置されている。

③山手線（ＪＲ東日本）

品川⇔田端

新型車両のＥ235系だよ！

車両は緑色ではなくウグイス色。山手線はぐるりと丸い円のイメージだが、ほんとうは桜の花びらのような細長い形をしている。一周すべてが山手線かと思いきや、正確には、田端駅〜東京駅は東北本線、東京駅〜品川駅は東海道本線なんだって。知ってたかな？

地下鉄も活やく中！

人口の多い東京は、地下鉄の役割も大きい。東京の地中には、地下鉄の路線が網目のように走っている。

東京メトロ銀座線　都営大江戸線

④荒川線（東京都交通局）

三ノ輪橋⇔早稲田

都電とよばれて親しまれているよ！

浅草寺は、飛鳥時代から続く都内最古の寺院。雷門から浅草寺までの仲見世商店街は、日本最古の商店街のひとつといわれている。

東京下町のシンボル！
浅草寺

徒歩で5分

浅草
あさくさ

総武本線

東武鉄道伊勢崎線

世界一空に近い塔
東京スカイツリー

とうきょうスカイツリー

徒歩ですぐ！

高さ634（むさし）mのスカイツリーは、2011年に世界一高いタワーとしてギネス認定された電波塔だ。地上波デジタル放送の送信というのが大きな役割だが、東京の新しいシンボルとしてもたくさんの観光客を集めている。スカイツリーの「天望回廊」は地上約450mの高さから東京都を一望することができる。スカイツリー周辺のエリアは、東京スカイツリータウンとよばれている。

▼東京スカイツリータウン内、すみだ水族館の『東京大水槽』。ここでは、東京都の世界自然遺産、小笠原諸島の海の世界を見事に再現している。

グルメ もんじゃ焼き

お好み焼きとくらべて水分が多く、鉄板の上で焼きながら、小さなヘラで食べるのが一般的。浅草や月島には数多くの専門店が軒を連ねている。

東京都の世界遺産、小笠原諸島の海の魅力を、水族館で体験！ 世界遺産

**駅弁 深川めし**

あさりのうま味と生姜の効いた深川煮を穴子といっしょにご飯の上に盛りこんだ東京駅の人気駅弁。品川駅や新宿駅、上野駅などでも買える。

神奈川県

人口 912.7万人
面積 2,416km²
県庁所在地 横浜市

江戸時代、日本の東西を結んだ東海道に沿って、新幹線路線や東海道本線が走っている。横浜市には地下鉄も通っている。江ノ島や箱根など、観光地を走る路線も人気が高い。

小田急電鉄小田原線①
新宿駅〜小田原駅。箱根の玄関口、箱根湯本駅まで都心から乗りかえなしで行ける特急も走っている。

相模鉄道本線⑤
横浜駅〜海老名駅。通勤や生活にはかかせない路線。沿線には、「ハマのアメ横」とよばれる洪福寺松原商店街をはじめ、大きな公園、たくさんの保育園、国立大学などがそろっており、住みやすい環境が整っている。

箱根登山鉄道③
小田原駅〜強羅駅。電車すれすれまであじさいがさきほこる6〜7月にかけては、「あじさい電車」の愛称で人気がある。夜には「夜のあじさい号」が走り、幻想的にライトアップされたあじさいの花を楽しむことができる。

江ノ島電鉄②
藤沢駅〜鎌倉駅。「江ノ電」の愛称で親しまれている。湘南の海沿いや住宅地のどまんなかをぬうように走るところが魅力的。鎌倉や江ノ島などの名所をまわるのにもとても便利。

まるで中国を旅している気分！

私もみんなが来るのを待っているよ……。

④湘南新宿ライン（JR東日本） 大宮⇔大船
「湘南色」とよばれる緑とオレンジのラインがえがかれている。

長い距離もなんのその！関東縦断はぼくに任せて！

⑤本線（相模鉄道） 横浜⇔海老名

神奈川県を走る鉄道

湘南新宿ライン④

正しくは路線名でなく、東海道本線、横須賀線、東北本線、高崎線などを経由する電車の愛称。新宿を経由して、北関東と神奈川県を結んでいる。ルートがいくつかあるので、うっかりしていると群馬県に行くつもりが栃木県に着いていた、なんてこともある!?

❶ロマンスカー（小田急電鉄） 新宿⇔箱根湯本など

運転席が2階にあるので先頭にある展望席の大きな窓からは、迫力ある景色を楽しめる。写真の50000系はVSE（ブイエスイー）とよばれている。

> 展望席に座るとまるで運転士さんになったみたい！

❷江ノ島電鉄線（江ノ島電鉄） 藤沢⇔鎌倉

60年前から活やくするベテラン車両をはじめ、環境にやさしい新型車両までたくさんの種類の車両が走っている。どことなくレトロであたたかいふんいきが人気の路線。

❸鉄道線（箱根登山鉄道） 小田原⇔強羅

日本でいちばん急な斜面を登っていく電車。坂になったレールをジグザグに切り返しながら登る「スイッチバック」はきつい斜面を走る箱根登山鉄道ならでは。

横浜高速鉄道❺

横浜駅～元町・中華街駅。それぞれの駅が独特のデザインをしている。たとえば、みなとみらい駅は「船」をコンセプトに明るくカラフルなふんいきをつくり、ここが港町であることを表している。元町・中華街駅は「本」をコンセプトに開港からいままでの歴史的ガイドブックとしてデザインされている。

❻みなとみらい線（横浜高速鉄道） 横浜⇔元町・中華街

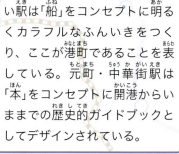

> 先頭にMのマーク！

鉄道で行く！神奈川県

| 小田原（おだわら） | 藤沢（ふじさわ） | 東海道本線（とうかいどうほんせん） | 大船（おおふな） |

箱根湯本（はこねゆもと）

箱根登山鉄道（はこねとざんてつどう）

江ノ島電鉄（えのしまでんてつ）

横須賀線（よこすかせん）

江戸の昔からみんな温泉が大好き！
箱根湯本 徒歩ですぐ！

江戸時代から東海道沿いの温泉として、たくさんの人々でにぎわってきたのが箱根湯本。40軒以上もの宿が並ぶ温泉街を散策したあとは、箱根登山鉄道に乗って、彫刻の森美術館や星の王子様ミュージアムなどの文化施設、強羅公園や蓬莱園などの名所を訪ねてまわろう。

鎌倉のシンボルといえば、高徳院の大仏。台座をふくめると13.35mもある大きな体だけれど、なんともおだやかな表情の大仏様は拝観者をやさしく迎えてくれる。白毫という、まゆとまゆのあいだにある右巻きの白い毛のかたまりや、肩まで届く福耳など、「三十二相」といわれる仏の特ちょうを探してみるとおもしろい。こんなに大きな大仏、どうやってつくったんだろう？そんな疑問をもったら、大仏の胎内へ入ってみよう。なかでは大仏を接合したときのつなぎ目を見ることができる。

大仏の内側へ！ 徒歩で7分
高徳院の大仏

写真スポット

| 長谷（はせ） | 鎌倉（かまくら） |

▲七里ヶ浜駅～鎌倉高校前駅。潮の香りを感じながら海岸線を走る江ノ電。車窓からは海にうかぶ江ノ島の全景が見える。

鎌倉を散策しよう！

日本を代表する古都・鎌倉は、12世紀末に源頼朝が幕府を開いた場所。海と山にかこまれた自然豊かな土地に、歴史あるお寺や神社が数多く集まっている。甘味処やおみやげやさんがずらりと軒を連ねる小町通りも人気。

▲鎌倉駅から歩いてすぐの小町通り。

▲『鳩サブレー』はおみやげの定番。

▶鎌倉の工芸品、鎌倉彫の専門店もある。

 グルメ
生しらす丼

とれたて派？釜揚げ派？

新鮮なシラスは湘南地方の特産品。鎌倉・江ノ島では、とれたてならではのぜいたくな生しらす丼が食べられる。

横浜
よこはま

駅弁 シウマイ弁当

横浜名物シウマイの名店、崎陽軒。1954年の登場以来、日本でもっとも多くつくられている駅弁だ。

横浜高速鉄道

元町・中華街
もとまちちゅうかがい

中国気分でニーハオ！ 徒歩で1分

横浜中華街
よこはまちゅうかがい

横浜には、東アジア最大級の中華街があり、数えきれないほどの中国料理のお店が並んでいる。約150年前に横浜港が開港してから、外国人と日本人との交渉役をしていた中国人がこの地に集まり、やがて飲食店街に発展した。通りに面した有名店で食べるもよし、路地裏にあるかくれ家のようなお店に勇気を出して入ってみるもよし。町の活気と中国流の接客をまるごと楽しもう。

▲中国料理のお店のほか、カラフルな中国雑貨や日本のスーパーでは売っていない本場の中国食材のお店も並んでいる。

鉄道コラム

スイッチバックとループ線

鉄の車輪で鉄のレールの上を走る列車は、急な坂道が苦手。でも、日本は山がとても多い国。なんとかして急な坂道をなるべくゆるやかに登れる方法はないだろうか……。そこで生み出されたアイデアが「スイッチバック」と「ループ線」だ。

●ループ線
らせんのようにぐるぐるとまわりながら上へ登る方式。距離はとても長くなるが、そのぶんゆるやかな坂道を行くことになる。山のなかを進むため、途中トンネルになることが多い。

●スイッチバック
坂道をジグザグに進む方式。何回も向きを変える必要があるため非常に時間がかかるけれど、確実に坂道を上へ上へと登ることができる。

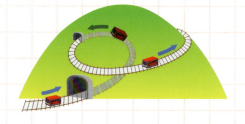
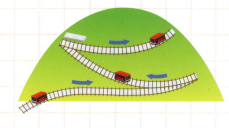

箱根登山鉄道の大平台駅は、スイッチバックが駅の構内で行われているため、人気の撮影スポットになっている。

- 監　修・鉄道写真　　山﨑友也

  1970年広島県広島市生まれ。日本大学芸術学部写真学科卒業。2000年に鉄道専門の写真事務所「レイルマンフォトオフィス」を設立。写真集に『夜感鉄道』(枻出版)、『魅惑の夜感鉄道』(クラッセ)、『Memories ～車両のない鐵道写真～』(日本写真企画)、著作・監修に『ボクはこうして鉄道カメラマンになった』(クラッセ)、『日本一周！鉄道大百科』(成美堂出版)、『あつまれ！でんしゃ』(永岡書店)、『MOVE鉄道』(講談社)、ほか多数。おすすめの広島県の名所は、厳島神社。

- 装丁　　　　　　　　DAI-ART PLANNING（石野春加）
- 本文デザイン　　　　DAI-ART PLANNING（五十嵐直樹、横山恵子、天野広和）
- 表紙・本文イラスト　阪本純代
- 編　集　　　　　　　教育画劇（清田久美子）

  　　　　　　　　　　オフィス303（三橋太央、金田恭子、井上美帆、横田千畝）

- 写真・図版・挿絵　　山下大祐（レイルマンフォトオフィス）、杉山慧、仲井裕一、藤井修、旭川市旭山動物園、小樽市、ねぶたの家 ワ・ラッセ、青い森鉄道、岩手観光協会、宮城県観光課、ググっとぐんま写真館、富岡市、日光東照宮、公益社団法人小江戸川越観光協会、鉄道博物館、(公財)東京観光財団、鎌倉市観光協会、高徳院、上薗紀耀介、小河原可菜

鉄道にっぽん！47都道府県の旅

①北海道・東北・関東めぐり

2017年2月14日　初版発行
2024年6月15日　第3刷発行

発行者　升川秀雄
発行所　株式会社教育画劇
　　　　〒151-0051
　　　　東京都渋谷区千駄ヶ谷5-17-15
　　　　TEL 03-3341-3400
　　　　FAX 03-3341-8365
　　　　http://www.kyouikugageki.co.jp
印刷所　大日本印刷株式会社

N.D.C.686　56p　297×220　ISBN 978-4-7746-2088-6 C8026
(全3冊セットISBN 978-4-7746-3071-7)
©KYOUIKUGAGEKI, 2017, Printed in Japan

- 無断転載・複写を禁じます。法律で認められた場合を除き、出版社の権利の侵害となりますので、予め弊社にあて許諾を求めてください。
- 乱丁・落丁本は弊社までお送りください。送料負担でお取り替えいたします。

鉄道用語じてん

この本に出てくる鉄道に関する言葉を、あいうえお順に説明しているよ。わからない言葉が出てきたら、調べてみよう。全部覚えたら鉄道博士になれるかも？

SL …………… 石炭を燃やしてお湯をわかし、発生した蒸気の力で走る機関車。英語の「Steam Locomotive」の頭文字をとってSLとよばれる。（☞ 1巻 P.5「SL冬の湿原号」、P.13「SL銀河」など）

架線 …………… 列車に電力を送るために、線路上部にはられる電線。

貨物列車 …………… 貨物（＝荷物、品物）を輸送するための列車。

観光列車 …………… 車両デザインを楽しんだり、土地の食材を味わったり、乗ること自体を目的にした列車のこと。地域の特性を活かして、乗客を引きつける工夫をこらしている。

気動車 …………… 電気ではなく、軽油を燃料として走行する列車のこと。

クロスシート …………… 進行方向やその逆側に向かって座る座席。背もたれを倒せるものや回転させて対面式にできるものなど、さまざまな種類がある。

在来線 …………… 新幹線以外の従来からある鉄道路線のこと。

JR …………… 1987年、国鉄（日本国有鉄道）が分割・民営化されたときにできた企業の総称。JR北海道、JR東日本、JR東海、JR西日本、JR四国、JR九州、JR貨物がある。

自動運転 …………… 運転手がいなくても、コンピュータ制御で走行運転することができる技術のこと。

ジョイフルトレイン …………… おもにJRグループが保有する団体向けの車両や、観光列車などのこと。（☞ 1巻 P.9「リゾートしらかみ」、P.13「ジパング平泉」、P.35「リゾートやまどり」など）

食堂車 …………… 車内で飲みものや食べものを提供する設備のある車両のこと。（☞ 1巻 P.9「TOHOKU EMOTION」、P.26「フルーティアふくしま」など）

新幹線 …………… 高速で都市と都市を結ぶJRの鉄道。現在の最高速度は、「はやぶさ」・「こまち」の時速320km。在来線の線路よりも線路の幅が広い。

新交通システム …………… 新しい技術が使われている交通手段のこと。モノレールやリニアモーターカーなどがある。（☞ 1巻 P.45「アーバンフライヤー」など）

スイッチバック …………… 進行方向を変えながら急な坂道をジグザグに進む方式。（☞ 1巻 P.55にくわしく説明）

制御つき自然振り子車両 … カーブを通過するときに車体をカーブの内側にかたむけることで、スピードを保ったまま通過することができる車両のこと。（☞ 3巻 P.20「宇和海」など）